문학과지성 시인선 320

가재미
문태준 시집

문학과지성사

문학과지성사에서 펴낸 문태준의 시집

그늘의 발달(2008)

문학과지성 시인선 320
가재미

초판 1쇄 발행 2006년 7월 21일
초판 31쇄 발행 2025년 5월 26일

지 은 이 문태준
펴 낸 이 이광호
펴 낸 곳 ㈜문학과지성사
등록번호 제1993-000098호
주   소 04034 서울 마포구 잔다리로7길 18(서교동 377-20)
전   화 02)338-7224
팩   스 02)323-4180(편집) 02)338-7221(영업)
전자우편 moonji@moonji.com
홈페이지 www.moonji.com

ⓒ 문태준, 2006. Printed in Seoul, Korea

ISBN 89-320-1713-1 03810

이 책의 판권은 지은이와 ㈜**문학과지성사**에 있습니다.
양측의 서면 동의 없는 무단 전재 및 복제를 금합니다.

지은이는 한국문화예술위원회가 지원한 문예진흥기금을 수혜했습니다.

문학과지성 시인선 320
가재미

문태준

2006

시인의 말

헤어졌다 만났다 다시 헤어졌다.
손 놓고 맞잡는 사이
손마디가 굵어졌다.
그것을 오늘은 본다.

울퉁불퉁한 뼈 같은 시여,
네가 내 손을 잡아주었구나.

2006년 여름 행신동에서
문태준

가재미

차례

시인의 말

제1부

思慕　11
수련　12
마루　13
누가 울고 간다　14
나는 돌아가 惡童처럼　16
老母　18
水平　19
바깥　20
극빈　22
극빈 2　24
벌레詩社　26
서리　27
어느 저녁에　28
자루　30
묽다　32
그맘때에는　34
돌의 배　36

제2부

길　39
가재미　40
가재미 2　42
가재미 3　44
젖 물리는 개　46
冬天에 별 돋고　47
떼　48
번져라 번져라 病이여　50
오오 이런!　54
小菊을 두고　55
강대나무를 노래함　56
어떡하나요 어떡하나요　58
넝쿨의 비유　60
덤불　62
슬픈 샘이 하나 있다　63
바닥　64

제3부

그리운 밥 냄새　69
꿈　70
이상한 花甁　71
평상이 있는 국숫집　72
낮달의 비유　73
무늬는 오래 지닐 것이 못 되어요　74
운문사 뒤뜰 은행나무　76

빛깔에 놀라다 78
꽃이 핀다 80
나는 오래 걷는다 81
한 마리 멧새 82
산비 소리에 84
빈 의자 85
저수지 86
까마귀와 개 88
측백나무가 없다 89
시월에 90
내가 돌아설 때 91

제4부

기러기가 웃는다 95
작은 새 96
빈집의 약속 98
아, 24일 100
오, 가시등불! 102
언젠가 다시 가본 나의 외갓집 같은 104
감나무 속으로 매미 한 마리가 105
어느 날 내가 이곳에서 가을강처럼 106
門 바깥에 또 門이 107
매화나무의 解産 108
옥매미 109
木鐸 110
겨울밤 111

흙을 빚다 112
찰라 속으로 들어가다 113
바람이 나에게 114

해설 | 극빈의 미학, 수평의 힘 · 이광호 115

제1부

思慕
―물의 안쪽

바퀴가 굴러간다고 할 수밖에
어디로든 갈 것 같은 물렁물렁한 바퀴
무릎은 있으나 물의 몸에는 뼈가 없네 뼈가 없으니
물소리를 맛있게 먹을 때 이(齒)는 감추시게
물의 안쪽으로 걸어 들어가네
미끌미끌한 물의 속살 속으로
물을 열고 들어가 물을 닫고
하나의 돌같이 내 몸이 젖네
귀도 눈도 만지는 손도 혀도 사라지네
물속까지 들어오는 여린 볕처럼 살다 갔으면
물비늘처럼 그대 눈빛에 잠시 어리다 갔으면
내가 예전엔 한번도 만져보지 못했던
낮고 부드럽고 움직이는 고요

수련

작은 독에 더 작은 수련을 심고 며칠을 보냈네
얼음이 얼듯 수련은 누웠네

오오 내가 사랑하는 이 평면의 힘!

골똘히 들여다보니
커다란 바퀴가 물 위를 굴러가네

마루

먼 곳 수평선 푸른 마루에 눕고 싶다 했다

타관 타는 몸이 마루를 찾아, 단 하나의 이유로 속초 물치항에 갔다

그러나 달포 전 다솔사 요사채, 고요한 安心寮의 마루는 잊어버려요

대팻날을 들이지 않는, 여물고 오달진 그런 몸의 마루는 없어요

近境에서 저 푸른 마루도 많은 날 뒤척이는 流民일 뿐

당신도 나도 한 척의 격랑이오니 흔들리는 마루이오니

누가 울고 간다

밤새 잘그랑거리다
눈이 그쳤다

나는 외따롭고
생각은 머츰하다

넝쿨에
작은 새
가슴이 붉은 새
와서 운다
와서 울고 간다

이름도 못 불러본 사이
울고
갈 것은 무엇인가

울음은
빛처럼

문풍지로 들어온
겨울빛처럼
여리고 여려

누가
내 귀에서
그 소릴 꺼내 펴나

저렇게
울고
떠난 사람이 있었다

가슴속으로
붉게
번지고 스며
이제는
누구도 끄집어낼 수 없는

나는 돌아가 惡童처럼

멀리 가서 멀리 오는
눈을 맞는다

만 섬 그득히 그득히

무 밑동처럼 하얀 눈이네
밟으면
무를 한입 크게 물은 듯
맵고 시원한
소리가 나네

나는 돌아가 惡童처럼,
둘둘 말아 사람을 세워놓고
나를 세워놓고
엉덩이 살을 베어
얼굴에
두 볼에 붙이고
모자를 얹어

나는 살쩌 웃는다

내가 눈 속으로 아주 다 들어갈 때까지

老母

   반쯤 감긴 눈가로 콧잔등으로 골짜기가 몰려드는 이 있지만
   나를 이 세상으로 처음 데려온 그는 입가 사방에 골짜기가 몰려들었다
   오물오물 밥을 씹을 때 그 입가는 골짜기는 참 아름답다
   그는 골짜기에 사는 산새 소리와 꽃과 나물을 다 받아먹는다
   맑은 샘물과 구름 그림자와 산뽕나무와 으름덩굴을 다 받아먹는다
   서울 백반집에 마주 앉아 밥을 먹을 때 그는 골짜기를 다 데려와
   오물오물 밥을 씹으며 참 아름다운 입가를 골짜기를 나에게 보여준다

水平

단 하나의 잠자리가 내 눈앞에 내려앉았다
염주알 같은 눈으로 나를 보면서
투명한 두 날개를 水平으로 펼쳤다
모시 같은 날개를 연잎처럼 수평으로 펼쳤다
좌우가 미동조차 없다
물 위에 뜬 머구리밥 같다
나는 생각의 고개를 돌려 좌우를 보는데
가문 날 땅벌레가 봉긋이 지어놓은 땅구멍도 보고
마당을 점점 덮어오는 잡풀의 억센 손도 더듬어보는데
내 생각이 좌우로 두리번거려 흔들리는 동안에도
잠자리는 여전히 고요한 수평이다
한 마리 잠자리가 만들어놓은 이 수평 앞에
내가 세워놓았던 수많은 좌우의 병풍들이 쓰러진다
하늘은 이렇게 무서운 수평을 길러내신다

바깥

장대비 속을
멧새 한 마리가 날아간다
彈丸처럼 빠르다
너무 빠른 것은 슬프다
갈 곳이 멀리
마음이 멀리에 있기 때문이다
하얀 참깨꽃 핀 한 가지에서
도무지 틈이 없는
빗속으로
소용돌이쳐 뚫고 날아가는
멧새 한 마리
저 全速力의 힘
그리움의 힘으로
멧새는 어디에 가 닿을까
집으로?
오동잎같이 넓고 고요한 집으로?
中心으로?
아,

다시 생각해도
나는
너무 먼
바깥까지 왔다

극빈

열무를 심어놓고 게을러
뿌리를 놓치고 줄기를 놓치고
가까스로 꽃을 얻었다 공중에
흰 열무꽃이 파다하다
채소밭에 꽃밭을 가꾸었느냐
사람들은 묻고 나는 망설이는데
그 문답 끝에 나비 하나가
나비가 데려온 또 하나의 나비가
흰 열무꽃잎 같은 나비 떼가
흰 열무꽃에 내려앉는 것이었다
가녀린 발을 딛고
3초씩 5초씩 짧게짧게 혹은
그네들에겐 보다 느슨한 시간 동안
날개를 접고 바람을 잠재우고
편편하게 앉아 있는 것이었다
설핏설핏 선잠이 드는 것만 같았다
발 딛고 쉬라고 내줄 곳이
선잠 들라고 내준 무릎이

살아오는 동안 나에겐 없었다
내 열무밭은 꽃밭이지만
나는 비로소 나비에게 꽃마저 잃었다

극빈 2
― 獨房

칠성여인숙에 들어섰을 때 문득, 돌아 돌아서 獨房으로 왔다는 것을 알았다

한 칸 방에 앉아 피로처럼 피로처럼 꽃잎 지는 나를 보았다 천장과 바닥만 있는 그만한 독방에 벽처럼 앉아 무엇인가 한 뼘 한 뼘 작은 문을 열고 들어왔다 흘러 나가는 것을 보았다

고창 공용버스터미널로 미진양복점으로 저울집으로 대농농기계수리점으로 어둑발은 내리는데 산서성의 나귀처럼 걸어온 나여,

몸이 뿌리로 줄기로 잎으로 꽃으로 척척척 밀려가다 슬로비디오처럼 뒤로 뒤로 주섬주섬 물러나고 늦추며 잎이 마르고 줄기가 마르고 뿌리가 사라지는 몸의 숙박부, 싯다르타에게 그러했듯 왕궁이면서 화장터인 한 몸

나도 오늘은 아주 식물적으로 독방이 그립다

벌레詩社

시인이랍시고 종일 하얀 종이만 갉아먹던 나에게
작은 채마밭을 가꾸는 행복이 생겼다
내가 찾고 왕왕 벌레가 찾아
밭은 나와 벌레가 함께 쓰는 밥상이요 모임이 되었다
선비들의 후子모임처럼 그럴듯하게
벌레와 나의 공동 소유인 밭을 벌레詩社라 불러주었다
나와 벌레는 한 젖을 먹는 관계요
나와 벌레는 無縫의 푸른 구멍을 사랑하기 때문이다
우리의 유일한 노동은 단단한 턱으로 물렁물렁한 구멍을 만드는 일
꽃과 잎과 문장의 숨통을 둥그렇게 터주는 일
한 올 한 올 다 끄집어내면 환하고 푸르게 흩어지는 그늘의 잎맥들

서리

겨울 찬 하늘 한 켜 살껍질을 누가 벗겼나

어느 영혼이 지난밤 꽃살문 같은 꿈을 꾸었나

갓 바른 문풍지 같고 공기로만 빚은 동천產 첫물

사락사락 조리로 쌀을 이는 소리가 난다

어느 저녁에

독의 뚜껑을
하나하나씩 덮는

저녁은
저녁은
깊이깊이
들어간다

나는 예닐곱
뚜껑을
덮고
天蓋로 나의
바깥을 닫고

미처 돌아오지 못한 것이 있다.

발을 씻고
몇 걸음 앞서

봄마루에 앉으면

너는 내게
아주 가까이는 아니게
산마루까지만 와

길고 긴
능선으로 돌아눕는다

자루

자루는 뭘 담아도 슬픈 무게로 있다

초봄 뱀눈 같은 싸락눈 내리는 밤 볍씨 한 자루를 꿔 돌아오던 家長이 있었다 그 발자국 소리를 듣고 일어나면 나는 난생처음 마치 내가 작은댁의 자궁에서 자라난 것을 알게 된 것처럼 입이 뾰족한 들쥐처럼 서러워서 아버지, 아버지 내 몸이 무러워요 내 몸이 무러워요 벌써 서른 해 전의 일이오나 자루는 나를 이 새벽까지 깨워 나는 이 세상에 내가 꿔온 영원을 생각하오니

오늘 봄이 다시 와 동백과 동백 진다고 우는 동박새가 한 자루요 동박새 우는 사이 흐르는 銀河와 멀리와 흔들리는 바람이 한 자루요 바람의 지붕과 石榴꽃 같은 꿈을 꾸는 내 아이가 한 자루요 이 끊을 수 없는 것과 내가 한 자루이오니

보리질금 같은 세월의 자루를 메고 이 새벽 내가 꿔

온 영원을 다시 생각하오니

묽다

새가 전선 위에 앉아 있다
한 마리가 외롭고 움직임이 없다
어두워지고 있다 샘물이
들판에서 하늘로 검은 샘물이
흘러들어가고 있다
논에 못물이 들어가듯 흘러들어가
차고 어두운 물이
미지근하고 환한 물을 밀어내고 있다
물이 물을
섞이면서 아주 더디게 밀고 있다
더 어두워지고 있다
환하고 어두운 것
차고 미지근한 것
그 경계는 바깥보다 안에 있어
뒤섞이고 허물어지고
밀고 밀렸다는 것은
한참 후에나 알 수 있다 그러나
기다릴 수 없도록 너무

늦지는 않아 벌써
새가 묽다

그맘때에는

하늘에 잠자리가 사라졌다

빈손이다

하루를 만지작만지작하였다

두 눈을 살며시 또 떠 보았다

빈손이로다

완고한 비석 옆을 지나가보았다

무른 나는 金剛이라는 말을 모른다

그맘때가 올 것이다, 잠자리가 하늘에서 사라지듯

그맘때에는 나도 이곳서 사르르 풀려날 것이니

어디로 갔을까

여름 우레를 따라갔을까

여름 우레를 따라갔을까

후두둑 후두둑 풀잎에 내려앉던 그들은

돌의 배

강가에 가 둥글둥글한 돌을 보네
물의 큰 알들
살찐 보름들
강가에 가 돌의 배를 만져보네
햇살도 둥글둥글하게 뭉치는 맑은 날
세월은 흘렀으나
배가 아프면
이런 욱욱한 돌로
배를 문지르던 날이 있었네

제2부

길

배꽃이거나 석류꽃이 내려오는 길이 따로 있어
오디가 익듯 마을에 천천히 여럿 빛깔 내려오는 길이 있어서
가난한 집의 밥 짓는 연기가 벌판까지 나가보기도 하는 그런 길이 분명코 있어서
그 길이 이 세상 어디에 어떻게 나 있나 쓸쓸함이 생기기도 하여서
그때 걸어가본 논두렁길이나 소소한 산길에서 봄 여름 다 가고
아, 서리가 올 때쯤이면 알게 되는지
독사에 물린 것처럼 굳어진 길의 몸을

가재미

   김천의료원 6인실 302호에 산소마스크를 쓰고 암 투병 중인 그녀가 누워 있다
   바닥에 바짝 엎드린 가재미처럼 그녀가 누워 있다
   나는 그녀의 옆에 나란히 한 마리 가재미로 눕는다
   가재미가 가재미에게 눈길을 건네자 그녀가 울컥 눈물을 쏟아낸다
   한쪽 눈이 다른 한쪽 눈으로 옮아 붙은 야윈 그녀가 운다
   그녀는 죽음만을 보고 있고 나는 그녀가 살아온 파랑 같은 날들을 보고 있다
   좌우를 흔들며 살던 그녀의 물속 삶을 나는 떠올린다
   그녀의 오솔길이며 그 길에 돋아나던 대낮의 뻐꾸기 소리며
   가늘은 국수를 삶던 저녁이며 흙담조차 없었던 그녀 누대의 가계를 떠올린다
   두 다리는 서서히 멀어져 가랑이지고
   폭설을 견디지 못하는 나뭇가지처럼 등뼈가 구부정해지던 그 겨울 어느 날을 생각한다

그녀의 숨소리가 느릅나무 껍질처럼 점점 거칠어진다
　나는 그녀가 죽음 바깥의 세상을 이제 볼 수 없다는 것을 안다
　한쪽 눈이 다른 쪽 눈으로 캄캄하게 쏠려버렸다는 것을 안다
　나는 다만 좌우를 흔들며 헤엄쳐 가 그녀의 물속에 나란히 눕는다
　산소호흡기로 들이마신 물을 마른 내 몸 위에 그녀가 가만히 적셔준다

가재미 2

꽃잎, 꽃상여
그녀를 위해 마지막으로 한 벌의 옷을 장만했다
세상에서 가장 커다란 옷, 꽃상여
그녀의 몸은 얼었지만 꽃잎처럼 화려한 옷을 입고 있다

두꺼운 땅거죽을 열고 독 같은 고요 속으로 천천히
그녀가 걸어 들어가 유서처럼 눕는다
울지 마라, 나의 아이야, 울지 마라
꽃상여는 하늘로 불타오른다
그녀의 몸에서 더 이상 그림자가 나오지 않는다

붉은 흙 물고기
상두꾼들이 그녀의 무덤을 등 둥근 물고기로 만들어 주었다
세상의 모든 무덤은 붉은 흙 물고기이니
물 없는 하늘을 헤엄쳐 그녀는 어디로든 갈 것이다

개를 데려오다

석양 아래 묶인 한 마리 개가 늦가을 억새 같다

털갈이를 하느라 작은 몸이 더 파리하다

석양 아래 빛이 바뀌고 있다

그녀가 정붙이고 살던 개를 데리고 골목을 지나 내 집으로 돌아오다

가재미 3
―아궁이의 재를 끌어내다

그녀의 함석집 귀퉁배기에는 늙은 고욤나무 한 그루가 서 있다

방고래에 불 들어가듯 고욤나무 한 그루에 눈보라가 며칠째 밀리며 밀리며 몰아치는 오후

그녀는 없다, 나는 그녀의 빈집에 홀로 들어선다

물은 얼어 끊어지고, 숯검댕이 아궁이는 휑하다

저 먼 나라에는 춥지 않은 그녀의 방이 있는지 모른다

이제 그녀를 위해 나는 그녀의 집 아궁이의 재를 끌어낸다

이 세상 저물 때 그녀는 바람벽처럼 서럽도록 추웠으므로

그녀에게 해줄 수 있는 일은 식은 재를 끌어내 그녀가 불의 감각을 잊도록 하는 것

저 먼 나라에는 눈보라조차 메밀꽃처럼 따뜻한 그녀의 방이 있는지 모른다

저 먼 나라에서 그녀는 오늘처럼 밖이 추운 날 방으로 들어서며 맨 처음 맨손바닥으로 방바닥을 쓸어볼지 모르지만, 습관처럼 그럴 줄 모르지만

이제 그녀를 위해 나는 그녀의 집 아궁이의 재를 모두 끌어낸다

그녀는 나로부터도 자유로이 빈집이 되었다

젖 물리는 개

어미 개가 다섯 마리의 강아지에게 젖을 물리고 있다
서서 젖을 물리고 있다
강아지들 몸이 제법 굵다 젖이 마를 때이다 그러나
서서 젖을 물리고 있다 마른 젖을 물리고 있는지 모른다
처음으로 정을 뗄 때가 되었다
저 풍경 바깥으로 나오면
저 풍경 속으로는
누구도 다시 돌아갈 수 없다

冬天에 별 돋고

저 하늘에
누가 젖은 파래를 널어놓았나

파래를 덮고 자는 바닷가 아이의 꿈같이

별이 하나 둘
쪽잠 들러 나의 하늘에 온다

떼

송사리들이
송글송글 떼지어 헤엄치고 있다
우루루 몰려다니는데
바람이 일지도 않는다
축축한 그림자를 끌고 다니고 있다
그림자들은
우수수 빗방울처럼 떨어져
열 지은 기차를 닮았다가
열여덟 량 장대 열차가 되었다가
대통처럼 직선으로 내뻗었다가
등뼈가 휜 곡선이었다가
주먹밥처럼
돌 밑
한군데 모여들기도 한다
송사리들이 떼를 지어 다니고 있다
日常으로
이곳에서 저곳으로
이 驛에서 저 驛으로

봇짐장사치들처럼
사무원들처럼
주점에 모인 사람들처럼
가난한 가족의 저녁 밥상처럼
수많은 눈알들이 몰려 다니고 있다

번져라 번져라 病이여

　　1

개망초가 피었다 공중에 뜬
꽃별, 무슨 섬광이
이토록 작고 맑고 슬픈가

바람은 일고 개망초꽃이 꽃의 영혼이 혜성이 돈다

개망초가 하얗게 피었다
잠자리가 날 때이다
너풀너풀 잠자리가 멀리 왼편에서 바른편으로 혹은
거꾸로
강이 흐르듯 누워서 누워서

　　2

오늘 다섯 살 아이에게 수두가 지나가고, 나는 생각

한다, 만발하는 것에 대하여 수두처럼 지나가는 꽃에 대하여 하늘에 푸른 액정 화면에 편편하게 날아가는 여름 잠자리에 대하여 내 생각에 홍반처럼 돋다 사그라드는 것에 대하여

  그리하여 나는 지금 앓고 있는 사람이다

   3

  그리고 나는 본다, 한 집의 굴뚝에서 너풀너풀 연기가 번져 나오는 것을 그 얼룩을

  그리고 나는 안다, 이 뜨거운 환장할 대낮의 아궁이에 불을 지피는 한 여인을 그 얼룩을

  에미가 황해도 무당이었고 남편은 함경도 어디가 고향이고 여인은 한때 소를 한때 묵뫼를 사랑했고 올여름 연기를 지독히 사랑했고 불을 때는 버릇이 생겼다는 것을 그 얼룩을

연기는 아주 굼뜨고, 연기는 무학자이고, 연기는 나부이고, 연기는 풀이 무성한 묵밭이고
 연기는 아궁이 앞에 퍼질러 앉은 그 여인이고, 갈라진 흙벽의 정신이고, 미친 사람이고

 나는 아니 보아도 안다, 벌써 스무 해 넘게 미쳐 지내온 저 여인이 어떤 표정으로 지금 앉아 있는지를
 무얼 끓이느냐 무얼 삶느냐 물어도 여인은 손사래 쳐 무심히 불만 밀어넣을 것이라는 것을
 몇 통의 물을 다만 끓이고 끓이고 있다는 것을
 내 눈과 마주치곤 까르르 까르르 웃던 그 검은 얼굴을

　　4

 하늘의 밭에는 개망초가 잠자리가 연기가 수두처럼 지나가고 있다 더듬더듬거리며 옮아 가고 있다

번져라 번져라 病이여,
그래야 나는
살아 있는 사람이다

오오 이런!

나의 집에는 묵은 오리 한 마리가 있다 암컷이다 알을 많이 낳아 뒤가
  청동 주발 같다 항우울제를 먹고 살고 자두가 익는 오늘 황혼에
  눈에 늪이 괴어 있었다 눈초리로 늪물이 흘러내리고 있었다 옆구리 털이 뽑히고 살이 갉혔다 그때
  오리 곁으로 쥐 한 마리가 기어왔다 땅구멍을 뚫어 오리 곁으로
  왔다 번들번들했다 곁말 거는 척 도리반거리다 오리 곁으로
  바싹 기어왔다 更紙를 갉는 소리가 났다 조금 후 구멍에서
  익사한 몸처럼 부푼 쥐와 새끼 쥐가 기어나왔다 새끼 쥐는
  눈망울이 또랑또랑했다 一家였다 나와 오리와 세 마리 쥐가
  눈이 마주쳤다 오오 이런!

小菊을 두고

향기는 어항처럼 번지네
나는 노란 소국을 窓에 올려놓고
한 마리 두 마리 바람물고기가
향기를 물고 들어오는 것을 보았네
향기는 어항처럼 번지네
나는 더 가늘게 눈을 뜨고
손을 감추고 물고기처럼 누워
어항 속에서 바람과 놀았네
훌훌 옷을 벗어
나흘을 놀고
남도 나도 알아볼 수 없는
바람물고기가 되었네

강대나무를 노래함

빛이 있고 꽃이 있는 동안에도 깊은 산속 강대나무*를 생각한다

허리를 잡고 웃고 푸지게 말을 늘어놓다가도 나는 불쑥 강대나무를 화제 삼는다

비좁은 방에서 손톱 발톱을 깎는 일요일 오후에도 나는 강대나무를 생각한다

몸이 검푸르게 굳은 한 꿰미 생선을 사 집으로 돌아갈 때에도 강대나무를 생각한다

회사의 회전의자가 간수의 방처럼 느껴질 때에도 강대나무를 떠올린다

강대나무를 생각하는 일은 내 작은 화단에서 죽은 화초를 내다 버리는 일

마음에 벼린 절벽을 세워두듯 강대나무를 생각하면 가난한 생활이 비로소 견디어진다

던져두었다 다시 집어 읽는 시집처럼 슬픔이 때때로 찾아왔으므로

우편함에서 매일 이별을 알리는 당신의 눈썹 같은 엽서를 꺼내 읽었으므로

마른 갯벌의 소금밭을 걷듯 하루하루를 건너 사라졌으므로
　건둥건둥 귀도 입도 마음도 잃어 서서히 말라죽어 갔으므로
　나는 초혼처럼 강대나무를 소리내어 떠올려 내 누추한 생활의 무릎으로 삼는 것이다
　내가 나를 부르듯 저 깊은 산속 강대나무를 서럽게 불러 내 곁에 세워두는 것이다

　* 강대나무: 선 채로 말라죽은 나무.

어떡하나요 어떡하나요

　그 구멍에 내가 그대가 살고 있다는 것을 왜 몰랐을까요
　나는 땅 아래로 내려가는 땅벌레의 작은 구멍을 들여다보아요
　아침밥 먹기 전엔 봉긋 봉긋 작은 흙무덤이었는데
　내가 하얀 고봉밥을 한 그릇 먹고 난 사이 작은 흙무덤은 사방으로 풀어헤쳐지고 빈 구멍이어요
　나보다 늦잠을 자고 내가 알지 못하는 사이 무덤을 열고 누군가 나오는 것이었는데
　흙을 덮어 밤을 보내고 햇살에 무서리가 꼬들꼬들 마를 참엔 무덤을 열고 또 어디로 가셨나요
　나는 그 구멍에 숨어 산다는 이를 보지 못했어요 그 구멍은
　땅벌레의 것인가요 나와 그대의 것인가요
　무덤 안에 숨어 산다는 이를 보지 못했어요
　나는 하루의 무덤을 보아요
　나는 어제의 무덤을 오늘의 무덤을 보아요
　어떡하나요 어떡하나요

어느덧 감잎 지고 무서리 내려 흙이 꼬들꼬들해지는
이 가을빛 속에 나 홀로 설 적엔

넝쿨의 비유

휘는 곡선을 찾고 있다
멀리서 보면 널을 지고 가는 내가 그 속에 있다

오지게 지루한 맥박의 대낮
무연한 대낮의 비계
그 평면을 나는 오늘 바라보고 있는데
넝쿨에서 넝쿨이
毒 같은 새순이 평면적으로 솟는다
평면에 중독된 나의 疾患 같다
나의 家族歷 같다
스스로 壁을 쓰러뜨리거나 壁을 세워본 일이 없다
몸을 돌돌 말았다 펴며 배를 대고 기는 한 마리 벌레처럼
미지근한 무논에 편편하게 두리번거리는 거머리처럼
한 世界가 평면적으로 솟는다
몸이 솟아오를 때 마음에 경계가 있으나 이윽고
비슥이 배에 배를 대고 바닥에서부터 물렁물렁하게 휜다

후일에 이 푸르고 불타는 눈은 나의 世界는
벽이 끝나는 곳에서
가로로 누운 제 목을 칭칭 감아 죽을 것이다

덤불

들찔레 가지에 새잎 돋아 덤불 한 감에 푸른 잎물이 번진다

들찔레 가지에 새잎 돋아도 엉킨 내 뜻이 바뀌는 것은 아니지만

나의 팔에 팔을 손목에 손목을 屈曲에 굴곡을 한 획에 한 획을 가필해

나의 덤불은 육체는 부끄러움 없이 가을날까지 휘고 번진다

나의 오늘이 더 큰 참혹함을 부를 뿐이오나

새봄이 오면 나는 또 잊는다, 내 가슴속 거대한 亂筆을

슬픈 샘이 하나 있다

맹꽁이가 운다
비를 두 손으로 받아 모으는 늦여름 밤
맹꽁이는 울음주머니에서 물을 퍼내는 밑이 불룩한 바가지를 가졌다

나는 내가 간직한 황홀한 폐허를 생각한다
젖었다 마른 벽처럼 마르는
흉측한 웅덩이

가슴속에 저런 슬픈 샘이 하나 있다

바닥

가을에는 바닥이 잘 보인다
그대를 사랑했으나 다 옛일이 되었다
나는 홀로 의자에 앉아
산 밑 뒤뜰에 가랑잎 지는 걸 보고 있다
우수수 떨어지는 가랑잎
바람이 있고 나는 눈을 감는다
떨어지는 가랑잎이
아직 매달린 가랑잎에게
그대가 나에게
몸이 몸을 만질 때
숨결이 숨결을 스칠 때
스쳐서 비로소 생겨나는 소리
그대가 나를 받아주었듯
누군가 받아주어서 생겨나는 소리
가랑잎이 지는데
땅바닥이 받아주는 굵은 빗소리 같다
후두둑 후두둑 듣는 빗소리가
공중에 무수히 생겨난다

저 소리를 사랑한 적이 있다
그러나 다 옛일이 되었다
가을에는 공중에도 바닥이 있다

제3부

그리운 밥 냄새

　밥맛이 싹 가셨다
　나도 모르는 결에 내 생각의 밥그릇에 이상한 밥 냄새를 퍼담아 온 것이었다
　다솔사 공양간을 돌아나갈 때 그 서늘한 밥 냄새
　겨울밤 卍海도 東里도 언 잎에 싸락눈 치는 소리 듣다 한지처럼 정신이 맑아진 새벽녘 찬마루로 나섰다 비로소 한 공기씩 받아 허기를 달랬을 밥 냄새
　다 걸러낸 오롯한 맨밥 냄새
　다솔사 다녀온 후 모자처럼 내 생각에 얹어 다니는,
　오래 그 속에 쪼그려 앉아 얼이 생겼으면 싶은, 아! 이 새벽에도 안 잊히는 밥 냄새!
　밥 냄새 때문에 세 끼 밥맛이 싹 가셨다

꿈

아파트 18층에 누워 살면서 밤은 꿈도 없이 슴슴해졌다
 소꿈은 길한 꿈이라는데 뜨막하게 소꿈을 꾸는 때가 기중 좋다
 내 소꿈은 소와 자꾸 싸우는 소꿈이다
 내 걸음걸이는 얼른얼른 어딜 가자는 것 같고
 소는 또 그럴 생각 없이 머뭇거리고 목을 젖혀 뻣뻣하게 버틴다
 간혹 혀를 빼 누런 소가 길게 울기도 한다
 들에서 돌아오는 아버지를 마중 나가 아버지로부터 받아오던 그 소와 아주 닮았다
 내 소꿈은 소와 자꾸 싸우는 소꿈이어도
 소꿈을 꾸는 날에는 하루가 빈 걸상도 있고 악기점도 있고 아무도 걸어가지 않은 길이 수유리까지 멀리 나 있다

이상한 花甁

　유행하던 부처는 한 나무 아래 오래 머물지 않았는데
　너는 이 세상 어디를 돌고 돌아 마음을 쉬게 할까
　나는 벌써 한곳으로 돌아갈 수밖에 없는 운명임을 쓸쓸하게 예감한다
　둠벙 같은 그곳에서 서서히 나의 부패가 시작되리라는 것을 예감한다
　나는 오늘 꽃이 꽂혀 있는 화병을 골똘히 보고 있다
　쳐진 그물에 물고기가 갇히듯이 화병에 갇힌 꽃은
　죽은 물고기의 마른 비늘이 물속으로 되돌아간 것 같다
　어깨는 주저앉고 두 눈동자는 壁처럼 얼이 없다
　꽃의 얼굴은 목탄 그림처럼 어두워졌다
　화병은 하루 안에도 새 꽃을 묵은 꽃으로 만드는 재주가 있다
　화병은 서 있는 그 자리에서 내가 시드는 것을 보여주기도 한다

평상이 있는 국숫집

평상이 있는 국숫집에 갔다
붐비는 국숫집은 삼거리 슈퍼 같다
평상에 마주 앉은 사람들
세월 넘어온 친정 오빠를 서로 만난 것 같다
국수가 찬물에 헹궈져 건져 올려지는 동안
쯧쯧쯧쯧 쯧쯧쯧쯧,
손이 손을 잡는 말
눈이 눈을 쓸어주는 말
병실에서 온 사람도 있다
식당 일을 손 놓고 온 사람도 있다
사람들은 평상에만 마주 앉아도
마주 앉은 사람보다 먼저 더 서럽다
세상에 이런 짧은 말이 있어서
세상에 이런 깊은 말이 있어서
국수가 찬물에 헹궈져 건져 올려지는 동안
쯧쯧쯧쯧 쯧쯧쯧쯧,
큰 푸조나무 아래 우리는
모처럼 평상에 마주 앉아서

낮달의 비유

내 목숨이 서서히 무너지고 싶은 곳

멀리서 온 물컹물컹한 소포
엷은 창호문과 성글은 울
찬물 한 그릇이 있는 마루
꽃도 새도 사람도
물보다 물렁하게 쥐었다 놓는,
식었던 아궁이가 잠깐만 환한,

내 귓속에 맑게 흐르는 이별의 말
자루에서 겨처럼 쏟아져 내리다 흰빛이 된 말

무늬는 오래 지닐 것이 못 되어요

 무늬는 오래 지닐 것이 못 되어요
 시골 오일장이 서는 날에는 집짐승이 서로 사고 팔리는 날에는
 흰 개에 대한 오해가 있어서 장날 食前에 먹을 갈아
 먹물을 흰 개 몸에 발라 큰 얼룩을 만드는 집이 어려선 있었지요
 흰 개를 검은 개로 반절은 만들어 옥시글거리는 장에다 내었지요
 흰 개는 배가 가렵다고 흙바닥에 기고 뒹굴고 뒷발로 옆구리의 무늬를 긁어대었겠지요
 그 무늬가 어떻게 되었겠어요
 용케 개의 배를 손바닥으로 슥슥 문질러보고 값을 쳐주는 약삭빠른 장사치가 있었다지만
 흰 개가 가난한 식구의 밥그릇을 빼앗아 간다는 오해도 하나의 무늬여서
 알고도 모르는 척 속은 척 받아넘기는 것이 무늬이었지요
 개칠한 무늬는 보기만 해도 우습지만 무늬는 크게

쓸어내릴 것이 못 되었지요
 무늬는 오래 지닐 것이 못 된다는 것을 알았기 때문이지요

운문사 뒤뜰 은행나무

　비구니 스님들 사는 청도 운문사 뒤뜰 천 년을 살았을 법한 은행나무 있더라
　그늘이 내려앉을 그늘자리에 노란 은행잎들이 쌓이고 있더라
　은행잎들이 지극히 느리게 느리게 내려 제 몸 그늘에 쌓이고 있더라
　오직 한 움직임
　나무는 잎들을 내려놓고 있더라
　흘러내린다는 것은 저런 것이더라 흘러내려도 저리 고와서
　나무가 황금사원 같더라 나무 아래가 황금연못 같더라
　황금빛 잉어 비늘이 물속으로 떨어져 바닥에 쌓이고 있더라
　이 세상 떠날 때 저렇게 숨결이 빠져나갔으면 싶더라
　바람 타지 않고 죽어도 뒤가 순결하게 제 몸 안에다 부려놓고 가고 싶더라

내 죽을 때 눈 먼저 감고 몸이 무너지는 소릴 다 듣다 가고 싶더라

빛깔에 놀라다

죽은 나무를
덩굴이 휘감아
끝엘 벼랑까지 올라갔다
그 나뭇가지 아래
저만치
작은 *沼*가 있다
물빛 아래
버들치 몇 마리
벗은 발로
붉은 쌀 같은 살찐
그림자 끌고
물때 낀 돌의
푸른 이마를
천천히
짚으며 짚으며
무심하다
고요하고 한가하다
한가하다 화들짝

그림자들이 도망쳤다
물 위에
작은 잎 하나
내려앉았다
단풍이었다

꽃이 핀다

뜰이 고요하다
꽃이 피는 동안은

하루가 볕바른 마루 같다

맨살의 하늘이
해종일
꽃 속으로 들어간다
꽃의 입시울이 젖는다

하늘이
향기 나는 알을
꽃 속에 슬어놓는다

그리운 이 만나는 일 저처럼이면 좋다

나는 오래 걷는다

고요한 솔숲 묵뫼에 쑥대궁이 다 자랐다

내가 길을 버려도 길은 달무리처럼 저곳 허공 위에 떠 있다

붉고 젖은 흙길을 배배 마른 사내가 걸어오고 있다

사내는 엉겅퀴 같은 마을로 나는 저수지로 가고 있다

나는 바람의 살을 만지지만 바람은 나와는 반대로 가고 있다

미지근한 저수지 물벽에는 민물새우가 튀어오르고 있다

나는 다만 어긋나는 감각의 면 위를 물뱀처럼 오래 걷는다

한 마리 멧새

소복하게 내린 첫눈 위에
찍어놓은
한 마리 멧새 발자국
첫잎 같다
발자국이 흔들린 것 보니
그 자리서 깔깔 웃다 가셨다
뒤란이 궁금해 그곳까지 다녀가셨다

가늘은 발뒤꿈치를 들어 찍은
그 발자국을 그러모아
두 귀에 부었다
맑은 수액 같다
귀에 넣고
이리저리 흔들어대니
졸졸 우신다
좁쌀 같은 소리들
귀가 시원하다
발자국을 따라가니

내 발이 아직 따뜻하다

멧새 한 마리
시골집 울에 내려와
가늘은 발목을 얹어 앉아
붉은 맨발로
마른 목욕을 즐기신다
간밤에 다녀간 그분 같은데
밤새 시골집을 다 돌아보고선
능청을 떨고
빈 마루를 들여다보고 계신다

산비 소리에

 누가 푸른 똥을 누시나
 떨어져 번지는, 이끼처럼 번지는, 더 번져 몽글몽글 맺히는 똥
 맺혀도 몰랑몰랑한 똥

 푸른 벌레가 산자두잎 뒤 잎사귀 처마로 들어가 동글동글한 똥을 피한다

 목주름 펴 처마 바깥을 갸웃거리다 잔다랗고 말랑말랑한 푸른 똥 누고 자울자울 존다

 잎사귀 처마를 득득 긁는 산비 소리에
 윗니 아랫니 돋아 간질간질한 산비 소리에

빈 의자

  갈쭉한 목을 늘어뜨리고 해바라기가 서 있는 아침이었다
  그 곁 누가 갖다놓은 침묵인가 나무 의자가 앉아 있다
  해바라기 얼굴에는 수천 개의 눈동자가 박혀 있다
  태양의 궤적을 좇던 해바라기의 눈빛이 제 뿌리 쪽을 향해 있다
  나무 의자엔 길고 검은 적막이 이슬처럼 축축하다
  공중에 얼비치는 야윈 빛의 얼굴
  누구인가?
  나는 손바닥으로 눈을 지그시 쓸어내린다
  가을이었다
  맨 처음 만난 가을이었다
  함께 살자 했다

저수지

저수지는 하나의
回文

물빛을 가진 짐승이 꼬리를 물고 구부려 오래 누워 있다

여러 겹
느슨하게,

일어서본 기억이 없다

산도 와서 눕는다
病이 病을 받듯
물빛이 산빛을 받아서

넘어가본 기억이 없다
산빛이 차도 넘치지 않듯이

먼 길을 돌고 돌아가 만나는,
마음이 누운 자리

까마귀와 개

까마귀가 먹감나무에 와서 짖어댑니다
개는 까마귀더러 짖어댑니다
우리 집에 소리의 두 오두막이 생겼습니다
두 오두막이 처마를 맞대 온통 소란스럽습니다
바깥 갔다 온 어머니가 혀를 끌끌 차며
"이놈의 까마구가 어데 앉아 짖어싸!"
호통을 치며 돌멩이를 집어던지자
까마귀의 오두막이 헐렸습니다
공중으로 저 멀리 공중으로
까마귀의 오두막이 이사를 갔습니다
개의 올올하던 오두막도 이내 헐렸습니다
 돌돌 말린 노란 감꽃이 사르르 풀려 피어나고 있었습니다

측백나무가 없다

측백나무 곁에 서 있었다
참새 떼가 모래알 같은 자잘한 소리로 측백나무에서 운다
그러나 참새 떼는 측백나무 가지에만 앉지는 않는다
나의 시간은 흘러간다
참새 떼는 나의 한 장의 白紙에 깨알 같은 울음을 쏟아놓고 감씨를 쏟아놓고
허공 한 촉을 물고 그 긴 끈을 그 긴 탯줄을 저곳으로 저곳으로 끌고 가 버리고 끌고 가 버리고
다만 떼로 모여 울 때 허공은 여드름이 돋는 것 같고 바람에 밀밭 밀알이 찰랑찰랑하는 것 같고 들쥐 떼가 구석으로 몰리는 것 같고 그물에 갇힌 버들치들이 연거푸 물기를 털어내는 것 같다
측백나무 곁에 있었으나 참새 떼가 측백나무를 떠나자 내 감각으로부터 측백나무도 떠났다
사방에 측백나무가 없다

시월에

오이는 아주 늙고 토란잎은 매우 시들었다

산 밑에는 노란 감국화가 한 무더기 헤죽, 헤죽 웃는다 웃음이 가시는 입가에 잔주름이 자글자글하다
꽃빛이 사그라들고 있다

들길을 걸어가며 한 팔이 뺨을 어루만지는 사이에도 다른 팔이 계속 위아래로 흔들리며 따라왔다는 걸 문득 알았다

집에 와 물에 찬밥을 둘둘 말아 오물오물거리는데 눈구멍에서 눈물이 돌고 돌다

시월은 헐린 제비집 자리 같다
아, 오늘은 시월처럼 집에 아무도 없다

내가 돌아설 때

내가 당신에게서 돌아설 때가 있었으니

무논에 들어가 걸음을 옮기며 되돌아보니 내 발자국 뗀 자리 몸을 부풀렸던 흙물이 느리고 느리게 수많은 어깨를 들썩이며 가라앉으며 아, 그리하여 다시 중심을 잡는 것이었다

이 무거운 속도는, 글썽임은 서로에게 사무친다고 할 수밖에 없다

제4부

기러기가 웃는다

젊어 남편을 잃고 재가해 얻은 외아들마저 잃은 그녀
언제부터 그녀가 기러기를 기르기 시작했는지는 모른다
기러기는 매일 북쪽 하늘 언저리를 날다 그녀의 집으로 돌아온다
기러기도 마음이 있어 하늘을 서성거린다, 고 그녀는 말한다
하늘 끝을 날다 다시 돌아서고 마는 그 그리움의 곡면,
그녀가 기러기를 사랑하는 이유를 알 것도 같다
오늘은 기러기가 새끼 기러기를 등에 업고 날더라고
하늘 구경을 시키더라고 그녀는 기러기 얘기에 좋아라 한다
누렇게 늙어 누운 오이 같은 그녀가 뜨락에 앉아 웃는다
날지 못하는 기러기가 웃는다

작은 새

작은 돌에
새가
지긋이
앉아 운다

뽕잎에 듣는 비

생각의 갈피 사이에
앉은 새는
짧게
운다

손톱보다
짧게 울지만,
손톱에서 봉숭아 물이
슬쩍슬쩍 빠져나가듯
그 울음
사라지며

가 닿는 데 있나

눌린 귀를
세상에서 처음으로
지긋이 들어 올리는
돌

빈집의 약속

　마음은 빈집 같아서 어떤 때는 독사가 살고 어떤 때는 청보리밭 너른 들이 살았다
　볕이 보고 싶은 날에는 개심사 심검당 볕 내리는 고운 마루가 들어와 살기도 하였다
　어느 날에는 늦눈보라가 몰아쳐 마음이 서럽기도 하였다
　겨울 방이 방 한 켠에 묵은 메주를 매달아 두듯 마음에 봄가을 없이 풍경들이 들어와 살았다

　그러나 하릴없이 전나무 숲이 들어와 머무르는 때가 나에게는 행복하였다
　수십 년 혹은 백 년 전부터 살아온 나무들, 천둥처럼 하늘로 솟아오른 나무들
　뭉긋이 앉은 그 나무들의 울울창창한 고요를 나는 미륵들의 미소라 불렀다
　한 걸음의 말도 내놓지 않고 오롯하게 큰 침묵인 그 미륵들이 잔혹한 말들의 세월을 견디게 하였다
　그러나 전나무 숲이 들어앉았다 나가면 그뿐, 마음

은 늘 빈집이어서
 마음 안의 그 둥그런 고요가 다른 것으로 메워졌다
 대나무가 열매를 맺지 않듯 마음이란 그냥 풍경을
들어앉히는 착한 사진사 같은 것
 그것이 빈집의 약속 같은 것이었다

아, 24일

　이 지구에서 가장 높이 자란 저 먼 나라 삼나무는 뿌리에서 잎까지 물이 올라가는 데 꼬박 24일이 걸린다 한다

　나는 24일이라는 말에 그 삼나무가 그립고 하루가 아프다
　나의 하루에는 쏙독새가 울고 나비가 너울너울 날고 꽃이 피는데
　달이 반달을 지나 보름을 지나 그믐의 흙덩이로 서서히 되돌아가는 그 24일
　우리가 수없이 눕고 일어서고 울고 웃다 지치는 그 24일이 늙은 삼나무에게는 오롯이 하나의 小天이라니! 한 동이의 물이라니!

　나는 또 하루를 천둥 치듯 벼락 내리듯 살아왔고
　산그림자를 제 몸 안에 거두어 묻으며 서서히 먼 산이 저무는데
　저 먼 산에는 물항아리를 이고 산고개를 넘어 아직

도 집으로 돌아가는 샘물 같은 산골 아이가 있을 것만 같다

오, 가시등불!

삯바느질로 끼니를 이어가던 貧女의 집인데
가시로만 이루어진 육체인데
나지막한 처마에 등불을 내걸었다

탱자나무가 노오란 탱자를 아그대다그대 매달았다

오, 가시등불!
푸른 가시를 구부려 구부려서 만든
빛 덩어리

가슴속은
텅 비고
마른 가시들로 새들새들하고

바깥을 밝히려
조랑조랑 매달린 노오란 탱자들, 빛들

모든 빛은 끔찍하게도 제 몸을 태운 것이니

이 눈물겨운 공양을 누가 받을 것인가

빗속에서도 기름등불은 자글자글 타오른다

언젠가 다시 가본 나의 외갓집 같은

　산등성이 신갈나무에 빈 들 미루나무에 새들의 집이 아직 얹혀 있다
　여름에는 무성한 잎에 가리워져 있지만 겨울에는 저곳이 새들의 둥지라는 걸 안다
　너무 멀지는 않게 마을 근처에 여럿 손에 결은 솜씨로 지어놓았다

　알몸 빠알간 새끼들의 우는 소리가 없고, 공중에 발길도 끊어진
　텅텅 빈, 빈집들이다

　날개를 한번 푸덕거려 떠났어도 묵은 집 벽처럼 줄금 간 가슴은 두고 간, 언젠가 다시 가본 나의 외갓집 같은

감나무 속으로 매미 한 마리가

검푸른 감나무 속으로 매미 한 마리가 들어섰다
감나무를 바싹 껴안아 매미 한 마리가 운다
울음소리가 괄괄하다
아침나절부터 저녁까지 매미가 나무에게 울다 간다
우리의 마음 어디에서 울음이 시작되는지 알 수 없듯
매미가 나무의 어느 슬픔에 내려앉아 우는지 우리는 알 수 없다
나무도 기대어 울고 싶었을 것이다
나무는 이렇게 한번 크게 울고 또 한 해 입을 다물고 산다

어느 날 내가 이곳에서 가을강처럼

내 몸을 지나가는 빛들을 받아서 혹은 지나간 빛들을 받아서
가을강처럼 슬프게 내가 이곳에 서 있게 될 줄이야
격렬함도 없이 그냥 서늘하기만 해서 자꾸 마음이 걸리는 그런 가을강처럼
저물게 저물게 이곳에 허물어지는 빛으로 서 있게 될 줄이야
주름이 도닥도닥 맺힌 듯 졸망스러운 낯빛으로 어정거리게 될 줄이야

門 바깥에 또 門이

구멍이 구멍을 밀고 가는 걸 보여주는 한 마리 게
내 눈 속의 개펄을 질퍽질퍽하게 건너간다

진흙 수렁을 벗어나도 바깥에 진흙 수렁이 있고
門을 벗어나도 門 바깥에 門이 또 있다

돌집 하나 없이 우리는 門의 안과 밖에서 살아갈 것이다

붉은 집,
축축한 노을이 우리가 머물 마지막 집이 될 것이다

매화나무의 解産

늙수그레한 매화나무 한 그루
배꼽 같은 꽃 피어 나무가 환하다
늙고 고집 센 임부의 해산 같다
나무의 자궁은 늙어 쭈그렁한데
깊은 골에서 골물이 나와 꽃이 나와
꽃에서 갓난 아가 살갗 냄새가 난다
젖이 불은 매화나무가 넋을 놓고 앉아 있다

옥매미

낮 동안 나무 그늘 속에서 매미가 울 적엔
밤이 되어도 잠이 얇다

나는 밤의 평상에 누워 먼 길 가는 별을 보고 있다
검게 옻칠한 관 속을 한 빛이 흐른다
빛에도 客愁가 있다
움직이는 빛 사이를 흐르며 나는
목숨이 다하면 가 머무르는 中陰을 생각하느니
이생과 내생 그 사이를 왜 습한 그늘이라 했을까
매미는 그늘 속을 흐르다 나무 그늘로 돌아온 목숨
매미는 누굴 찾아 헤매어 이 여름을 우나

죽은 이의 검고 굳은 혀 위에 손톱만 한
옥매미를 올려주는 풍습이 저 고대에 있었다
슬픈 상징이 있었다

木鐸

쪼는 게 습성인
딱따구리가
상수리나무에 와서
상수리나무를 쫀다
나무는
목탁처럼
눈 뜨고 자는 물고기
몸을 새한테
내주고
서서
더불어 운다
늙은 나무는
명치가 없어서
텅, 텅, 텅
헐겁게 운다
孟冬 대낮
굿당처럼

겨울밤

그믐달은 우물물처럼 차오르고
잠든 아이는 꿈에서도 자라나네

세월은 가을꽃처럼 무白하고
기러기는 찬 북쪽을 날아가네

찬비가 내 창에 겨처럼 우수수 지네
보아라,
너는 어찌해 얼굴이 그리 거칠거칠한가

흙을 빚다

물웅덩이만 한 흙으로 사람을 빚으리
잔주름으로 흐늘흐늘해진 사람을 빚으리
다시 쳐대서
춤추는 날의 대낮보다 환한 얼굴을 빚으리
꼴 베는 소년의 하얀 종아리도 빚으리
다시 주물러
물끄러미 무언가 바라보는 기다란 길 같은 눈빛을 빚으리
흙비처럼 줄줄 흘러내리는 눈물의 얼굴도 빚으리
나에게 무심한 한때가 있어
물웅덩이만 한 흙으로 사람을 빚으리
쳐대고 빚어 응달에 두면 늙으며 늙으며
마른 논바닥처럼 쩍쩍 갈라지는 오, 얼굴이여 몸이여
물웅덩이만 한 흙으로 사람은 다시 빚지 않으리

찰라 속으로 들어가다

벌 하나가 웽 날아가자 앙다물었던 밤송이의 몸이 툭 터지고

물살 하나가 스치자 물속 물고기의 몸이 확 휘고

바늘만 한 햇살이 말을 걸자 꽃망울이 파안대소하고

산까치의 뾰족한 입이 닿자 붉은 감이 툭 떨어진다

나는 이 모든 찰라에게 비석을 세워준다

바람이 나에게

한때는 바람 한 점 없는 날 맑은 날 좋았는데
오늘 바람 많은 평야에 홀로 서 있네
수많은 까마귀 떼가 땅 끝으로 십 리를 가는 하늘
나는 십 리를 가는 꿈도 잃고 나귀처럼 긴 귀를 가진 바람을 보네
다급한 목숨이 있다면 늙은 어머니는 이런 노래를 부르지 않았을까
들판을 재우며 부르는 이 거칠은 바람의 노래를

| 해설 |

극빈의 미학, 수평의 힘

이 광 호

　문태준처럼 고요한 시가 이렇게 빠른 속도로 시단의 중심에 진입한 사례는 흔치 않다. 무엇이 이 '식물적인' 서정시들에 대한 열광을 이끌어내었을까? 우선 그의 시가 가진 서정시로서의 전형성 혹은 균질성을 이유로 생각할 수 있을 것이다. 90년대적인 '신서정(新抒情)'의 공간이 과거화되어가는 시점에서 문태준의 서정시들은 오히려 '반시대적'인 것으로 보인다. 이 반시대적인 서정시를 난해한 동시대 미학의 피로를 잠시 잊게 해주는 '회귀'의 움직임으로 요약하면 그만일까?
　그렇지 않다면, 이 고즈넉한 서정성으로부터 어떤 다른 미학의 기미를 읽어낼 수 있다는 말인가? 서정시의 전형성과 균질성으로부터 문득 이탈하는 사소한 장면들을. 그러니까 서정시적 공간의 동일성이 아니라, 그 시적 시간의 '다름'을 읽어내는 것은 불가능한가? 문태준의 토속성이 아니라, 문태준의 현대성을 읽어내는 일. 서정시의 복원이 아니라, 서정성의 전유의 움직임을 발견하는 이상한 독해가 시작될 수 있을까? 일인칭 주체의 서정적 권위를 비껴가는 좀더 겸손하고 사소한 서정성을. 여기 '측백나무' 하나가 정말 서정시적으로 서 있다.

> 측백나무 곁에 서 있었다
> 참새 떼가 모래알 같은 자잘한 소리로 측백나무에서 운다
> 그러나 참새 떼는 측백나무 가지에만 앉지는 않는다
> 나의 시간은 흘러간다
> 참새 떼는 나의 한 장의 白紙에 깨알 같은 울음을 쏟아놓고 감씨를 쏟아놓고
> 허공 한 쪽을 물고 그 긴 끈을 그 긴 탯줄을 저곳으로 저곳으로 끌고 가 버리고 끌고 가 버리고
> 다만 떼로 모여 울 때 허공은 여드름이 돋는 것 같고 바람에 밀밭 밀알이 찰랑찰랑하는 것 같고 들쥐 떼가 구석으로 몰리는 것 같고 그물에 갇힌 버들치들이 연거푸 물기를 털어내는 것 같다
> 측백나무 곁에 있었으나 참새 떼가 측백나무를 떠나자 내 감각으로부터 측백나무도 떠났다
> 사방에 측백나무가 없다
> ―「측백나무가 없다」 전문

측백나무와 일인칭 '나'와의 관계는 전형적인 서정시의 설정 방식을 보여준다. 재래적인 서정시학의 경우, '나'와 측백나무의 서정적 동일성이 미학과 세계 인식의 핵심이 되어줄 것이다. '나'는 일인칭의 시선으로 측백나무를 대상화함으로써, '나'와 세계와의 일체감을 경험할 것이다. 그런데 보자. 시는 엉뚱하게 참새 떼를 등장시킨다. '나'와 측백나무 사이에 참새 떼라는 존재가 끼어든다. 그런데 참새 떼는 오로지 측백나무만을 위해 등장한 것이 아니다. "그러나 참새 떼는 측백나무 가지에만 앉지는 않는다." 참새 떼의 움직임은 이 고요한 장면에 시간의 사건성을 개입시킨다. "나의 시간은 흘러간다"라는 시적 명제에 주목하자. 시간이 흘러가는 것이 아니라, '나의 시간'이 흘러가는 것이다. 시간은 '나'를 중심으로 움직인다. 그러나 '나'는 시간의 주재자가 아니다. '내'가 시간의 중심인 이유는 다만 시간에 대한 '나'의 감각 때문이다. '나'의 감각 안에서만 시간의 사건은 인지된다.

참새 떼가 '허공' 속에서 벌여놓은 움직임, 혹은 그 움직임에 대한 '나'의 감각을 보자. '나의 시간,' 그 '허공'의 시간–공간 속에는 우주적인 시간이 흐른다. 그런데 그 시간들을 느끼는 것은 '내 감각'이다. 허공의 순간 속에서 우주적인 시간과 공간을 보는 사유, 그 '긴 탯줄'을 보는 사유는 불교적이다. 그런데 그 사유를 낳은 것은 바깥으로부터 주어진 관념적인 깨달음이 아니라, '내 감각'이다. 참새 떼는 측백나무가 있는 시간-공간의 깊이와 부재를 감각하게 해주는 존재이다. 그래서 "참새 떼가 측백나무를 떠나자 내 감각으로부터 측백나무도 떠났다/사방에 측백나무가 없다"는 문장으로 이 감각의 사건이 완성된다. 재래적인 서정시에서, 나와 대상과의 동일성의 체험은 '영원한 현재' 속에서 이루어진다. 그 안에는 일인칭의 절대적인 시선만이 있을 뿐, 시간의 균열이 없다. 하지만 이 시에서 측백나무는 현존과 부재라는 균열의 사건을 드러낸다. 그 사이의 우주적 시간을 감각하게 해주는 것은, 일인칭 주체의 인식론적인 권위가 아니라, 참새 떼라는 수평적인 다른 존재이다. 그래서 이 시에서 '참새 떼'와 '측백나무'는 '나'와의 동일화 과정 속에 포획되는 것이 아니라, 스스로 살아 있는 존재들의 사건을 드러낸다. 또 다른 사라짐의 사건을 보자.

완고한 비석 옆을 지나가보았다

무른 나는 金剛이라는 말을 모른다

그맘때가 올 것이다, 잠자리가 하늘에서 사라지듯

그맘때에는 나도 이곳서 사르르 풀려날 것이니

어디로 갔을까

여름 우레를 따라갔을까

여름 우레를 따라갔을까

후두둑 후두둑 풀잎에 내려 앉던 그들은
—「그맘때에는」 부분

　'사라짐'이라는 사건은 시간성 속에 처해 있는 모든 존재들의 운명이다. '하늘에 잠자리가 사라지는 것처럼' 모든 것들은 '그맘때'가 되면 사라진다. '잠자리-나'는 '그맘때가 되면 사라지는 존재'라는 의미 자질을 공유한다. 잠자리는 '나'를 비유하는 것이다. 이런 맥락에서 이 시는 전통적인 서정시의 비유의 문법을 그대로 따르고 있다. "잠자리가 하늘에서 사라지듯"이라는 명시적인 표현이 있으니까. 그런데 잠자리는 단지 '나'의 존재론적 사라짐을 비유하기 위해 잠시 등장한 도구적인 이미지가 아니다. 시의 마지막에 다시, 잠자리는 시의 주인공으로 재확인된다. '잠자리'는 '나'의 정서적 내면을 표상하기 위해 동원된 사물에 머물지 않고, 끝내 그 행방을 알 수 없는 존재로 남는다. 그리고 잠자리의 묘연한 행방이야말로 이 세계에 대한 서정적 자아의 상징적 질문의 핵심이다. 이러한 서정성을 이를테면 '겸손한' 서정성이라고 부를 수 있다면, 그것은 대상을 '나'의 내면적 표상으로 규정하지 않고, 그 존재의 행방을 통해 '나'에 대한 실존적 질문을 다듬어나가는 것이다. 여기서 서정적 자아는 우주적인 공간으로 확장되지 않고, 오히려 사소한 부재의 공간 속에 머문다. "무른 나는 金剛이라는 말을 모른다"와 같은 의미심장한 문장을 보자. '금강'이라는 불교적인 용어가 시사하는 것처럼, 일체의 번뇌를 깨뜨릴 수 있는 석가모니의 뛰어나고 강인한 경지는 '무른 나'의 것이 아니다. '완고한 비석'의 진리와 잠언, 그 단단한 영원성은 '나'의 것이 아니다. 그리고 그 '잠자리 떼'의 자리에, 다시 '나비 떼'가 날아든다.

열무를 심어놓고 게을러
뿌리를 놓치고 줄기를 놓치고
가까스로 꽃을 얻었다 공중에
흰 열무꽃이 파다하다
채소밭에 꽃밭을 가꾸었느냐
사람들은 묻고 나는 망설이는데
그 문답 끝에 나비 하나가
나비가 데려온 또 하나의 나비가
흰 열무꽃잎 같은 나비 떼가

흰 열무꽃에 내려앉는 것이었다 ─「극빈」 전반부

「극빈」은 시적 자아의 미적 자의식의 일부가 날카롭게 드러나는 시이다. 서정시가 기본적으로 '독백'의 양식에 속한다면, 이 시 역시 전형적인 독백의 형태를 보여준다. 고백은 시적 화자의 미적인 무의식을 상징적으로 보여준다. 즉 '상징적'으로 드러낸다는 것은, 그 고백의 '반(半)투명성'을 의미한다. 시적 고백은 드러내면서 감춘다. 혹은 감추는 방식으로 드러낸다. '열무'는 줄기와 잎, 뿌리 등을 먹기 위해 심는 채소이다. 그런데 이 시의 화자는 '게을러' 열무의 뿌리와 줄기를 놓치고 '가까스로' 꽃을 얻는다. 꽃이 피기 전에 열무를 뽑아 식용의 대상으로 삼았어야 했겠지만, 아마도 그 수확의 때를 놓치고 대신 꽃을 얻은 모양이다. 사람들은 "채소밭에 꽃밭을 가꾸었느냐"고 묻는다. 이 시의 화자는 열무의 현실적인 효용성, 즉 식용의 대상인 줄기와 뿌리를 놓치고, 그 대신 현실적으로 소용없는 '꽃'을 얻었다. '게을러'와 '가까스로' 같은 부사에 주목하자. 시적 화자는 사물의 쓰임새를 관리하는 측면에서 '게으른 자'이지만, 어쨌든 '가까스로' 꽃을 얻는 자이다. 도식적으로 말한다면 여기에는 '줄기와 뿌리'의 실용성과 '꽃'의 비실용적 미적 가치가 충돌한다. 채소밭은 아름다움을 위해 가꾸는 것이 아니라, 채소를 재배하여 먹기 위해 있는 공간이므로, 채소밭에 꽃을 가꾸는 것은 비실용적이고 엉뚱한 행동이 된다. 사람들의 질문에 '내'가 망설이는 것은 그래서 당연하다. '나'는 딱히 대답할 논리를 마련하지 못했는지도 모른다. '나'는 단지 수확의 때를 놓칠 만큼 '게을렀으므로.' 그런데 '나비 떼'가 등장한다. '나비 떼'의 등장은 앞의 시에서의 '참새 떼'와 '잠자리 떼'의 등장처럼, '나'와 '열무밭' 사이의 관계를 다른 차원으로 견인한다. '나비 떼'의 등장은 사람들의 질문에 대한 상징적인 차원의 대답이다. 그 대답은 시인의 대답이 아니라, 시인이 경험한 어떤 다른 '시간'의 대답이다. 다른 시간이라니?

> 가녀린 발을 딛고
> 3초씩 5초씩 짧게짧게 혹은
> 그네들에겐 보다 느슨한 시간 동안
> 날개를 접고 바람을 잠재우고
> 편편하게 앉아 있는 것이었다
> 설핏설핏 선잠이 드는 것만 같았다
> 발 딛고 쉬라고 내준 무릎이
> 살아오는 동안 나에겐 없었다
> 내 열무밭은 꽃밭이지만
> 나는 비로소 나비에게 꽃마저 잃었다
>
> ―「극빈」 후반부

열무꽃밭에 앉은 나비 떼는 "3초씩 5초씩 짧게짧게 혹은/그네들에겐 보다 느슨한 시간 동안" 머문다. 나비 떼가 열무꽃에 머무는 시간은 짧은 시간이지만, '그네들'에게 그 시간은 '보다 느슨한 시간'이고, 심지어 "설핏설핏 선잠이 드는" 시간이다. 열무꽃밭에 나비 떼가 머무는 시간은 인간의 척도로는 짧지만, 나비의 시간으로는 깊고도 느슨한 시간이다. 나비 떼에게 그런 시간을 허락해준 것은 '열무꽃밭'이다. 이로써 열무꽃밭의 이상한 쓰임새가 드러났다. 열무꽃밭은 사람들에게 싱싱한 채소를 제공해주지 못하지만, 나비 떼에게 깊은 휴식의 시간을 만들어준다. 여기에서 '나'의 뼈아픈 상념이 떠오른다. '나'는 다른 존재가 쉴 만한 '무릎—꽃밭'을 내준 적이 없다. 나의 열무꽃밭은 결국 나비의 꽃밭이 되어버린다. 줄기와 뿌리의 실용성 대신에 꽃의 아름다움을 건진 '나'는, 그것이 다른 존재를 쉬게 하는 다른 차원의 쓰임새를 얻는다는 것을 발견한다. 하지만, 아이러니하게도 그것을 발견한 것은 '내'가 아니라 '나비 떼'이다. 꽃의 아름다움은 온전히 내 것이 아니라, 그 공간에서 다른 시간을 찾아내는 나비 떼의 몫이다. 이 지점에서 미적 자율성에 대한 시인의 무자각적인 자각은 타자의 윤리학과 아름답게 만나는 장면을 보여준다.

　남은 의문 하나 더. 그런데 왜 이 시의 제목은 '극빈'일까? '극빈'은 사전적으로 몹시 가난하다는 뜻이다. 무엇이 그토록 가난하다는 말인가? 열무 채소밭에서 결국 채소를 얻지 못하고 꽃밭을 얻었기 때문에? 여기서 가난은 보다 깊은 차원을 품고 있다. 채소를 놓쳐버린 현실적인 가난 너머의 또 다른 가난. 남은 꽃밭마저 나비 떼에게 잃어버린 또 하나의 가난이 있다. 채소를 잃어버린 가난이 현실의 가난이라면, 꽃을 잃는 가난은 심미적인 가난이다. '극빈'은 아마도 현실의 가난 너머에서 남아 있는 아름다움마저도 비우는 가난의 경지일 것이다. 그래서 '극빈'은 아름다움을 향한 허영과 욕망마저도 비워버리는 지독한 가난이다. 이제 그 극빈의 미학이 어떤 이미지와 조우하는가를 보자.

> 바퀴가 굴러간다고 할 수밖에
> 어디로든 갈 것 같은 물렁물렁한 바퀴
> 무릎은 있으나 물의 몸에는 뼈가 없네 뼈가 없으니
> 물소리를 맛있게 먹을 때 이(齒)는 감추시게
> 물의 안쪽으로 걸어 들어가네
> 미끌미끌한 물의 속살 속으로
> 물을 열고 들어가 물을 닫고
> 하나의 돌같이 내 몸이 젖네
> 귀도 눈도 만지는 손도 혀도 사라지네
> 물속까지 들어오는 여린 별처럼 살다 갔으면
> 물비늘처럼 그대 눈빛에 잠시 어리다 갔으면

> 내가 예전에 한번도 만져보지 못했던
> 낮고 부드럽고 움직이는 고요
> ―「思慕―물의 안쪽」 전문

 '물의 안쪽'에는 무엇이 있나? 시의 화자에 따르면 물속에는 '뼈'가 없다. 그런데 '무릎'은 있다. 혹은 '물렁물렁한 바퀴'가 있다. 중심의 골격은 없지만, 어떤 움직임이 있는 상태. 그것이 물의 안쪽의 상황이다. 그 물의 안쪽으로 스며들면 "귀도 눈도 만지는 손도 혀도 사"라진다. 물의 안쪽에서 '나'는 물처럼 소멸한다. 더 정확하게 말하면 '나'의 감각적 주체가 사라진다. 다만 경험할 수 있는 것은 '낮고 부드럽고 움직이는 고요'이다. 형태와 골격을 갖지 않는 미묘한 물의 움직임. 그것이 물의 안쪽에서 벌어지는 사건이다. 그것은 시의 제목처럼 '내'가 그리워하는 공간, 혹은 내 그리움의 운동 방식 자체이다. 물의 안쪽에서 '내'가 사라지는 사건처럼, '그대'를 사랑할 수 있다면? 이 낮고 부드럽고 움직이는 물의 고요는, '수평'에 대한 매혹과 결부된다.

> 작은 독에 더 작은 수련을 심고 며칠을 보냈네
> 얼음이 얼듯 수련은 누웠네
>
> 오오 내가 사랑하는 이 평면의 힘!

골똘히 들여다보니
커다란 바퀴가 물 위를 굴러가네 　　　—「수련」 전문

나는 생각의 고개를 돌려 좌우를 보는데
가문 날 땅벌레가 봉긋이 지어놓은 땅구멍도 보고
마당을 점점 덮어오는 잡풀의 억센 손도 더듬어보는데
내 생각이 좌우로 두리번거려 흔들리는 동안에도
잠자리는 여전히 고요한 수평이다
한 마리 잠자리가 만들어놓은 이 수평 앞에
내가 세워놓았던 수많은 좌우의 병풍들이 쓰러진다
하늘은 이렇게 무서운 수평을 길러내신다
　　　　　　　　　　　　—「水平」 부분

넝쿨에서 넝쿨이
毒 같은 새순이 평면적으로 솟는다
평면에 중독된 나의 疾患 같다
나의 家族歷 같다
스스로 壁을 쓰러뜨리거나 壁을 세워본 일이 없다
몸을 돌돌 말았다 펴며 배를 대고 기는 한 마리 벌레처럼
미지근한 무논에 편편하게 두리번거리는 거머리처럼
한 世界가 평면적으로 솟는다
　　　　　　　　　—「넝쿨의 비유」 부분

「수련」에서 수면 위에 누워 있는 수련이 보여주는 '평면의 힘'은 경외의 대상이다. '커다란 바퀴'는 수련의 비유일 수도 있지만, 그 수면 위의 우주적 시간성에 대한 상징으로 읽을 수 있다. 「水平」에서 '잠자리'의 수평의 날개짓은 "좌우로 두리번거려 흔들리는" '내 생각'에 대비되는 고요한 정신의 경지이다. 그 경지는 단지 '잠자리'의 경지가 아니라, '하늘이 길러내는' 미학에 속한다. 「넝쿨의 비유」에서 '평면'은 시간의 권태를 상징하기도 하고, '내' 삶의 방식이자 질환이 된다. 그것은 매혹의 대상이기보다는 어떤 피할 수 없는 '중독'의 상태를 보여준다. 세 편의 시에서 조금씩 달리 변주되기는 하지만, 수평의 미학은 이 수직성의 세계에서 피할 수 없는 매혹이다. 수평의 고즈넉한 미학은, 외형적으로는 에너지와 권위를 갖지 않는다. 문명의 세계에서 중요한 것은 물리적인 혹은 정신적인 차원에서 수직성을 건설하는 일이다. 인류의 진보는 수직에의 열망 때문에 가능했다고 볼 수도 있을까? 그러나 수평이란 물리적으로는 아무런 힘도 보유하지 않는다. 수평의 공간에서 운동 에너지가 발생하기는 힘들다. 하지만 이 시의 화자들은 그 수평으로부터 어떤 사소한 우주적인 동력을 발견한다. "평면의 힘" "무서운 수평" "평면적으로 솟는다"와 같은 역설적인 표현들 속에서, 수평은 수직의 에너지와 움직임을 전유한다. 문태준의 시에서 수평은 수직보다 힘이 세다.

    그대가 나를 받아주었듯
    누군가 받아주어서 생겨나는 소리
    가랑잎이 지는데
    땅바닥이 받아주는 굵은 빗소리 같다
    후두둑 후두둑 듣는 빗소리가
    공중에 무수히 생겨난다
    저 소리를 사랑한 적이 있다
    그러나 다 옛일이 되었다
    가을에는 공중에도 바닥이 있다   ——「바닥」 부분

    먼 곳 수평선 푸른 마루에 눕고 싶다 했다

    타관 타는 몸이 마루를 찾아, 단 하나의 이유로 속초 물치항에 갔다

    그러나 달포 전 다솔사 요사채, 고요한 安心療의 마루는 잊어버려요

    대패날이 들이지 않는, 여물고 오달진 그런 몸의 마루는 없어요

近境에서 저 푸른 마루도 많은 날 뒤척이는 流民일 뿐

당신도 나도 한 척의 격랑이오니 흔들리는 마루이오니
—「마루」 전문

　수직의 세계 속에서 수평의 힘을 발견하는 이런 미학들. 다른 시들에서 수평의 동력은 다양한 이미지로 변형된다. 「바다」에서는 가을비와 빗소리의 수직성을 '바다'의 미학으로 전유한다. 이때, '바다'는 수직의 소리를 받아주는 공간이다. 빗소리는 "누군가 받아주어서 생겨나는 소리"이다. 「마루」에서 '마루'는 '푸른 수평선'의 비유가 된다. 그러나 '몸의 마루'는 '여물고 오달진' 것이 못 된다. '푸른 마루'와 '몸의 마루'는 '뒤척이는 流民'이고, '한 척의 격랑'이며, '흔들리는 마루'이다. 여기서 '마루'의 수평성은 안온함 대신에 스스로 흔들리는 몸을 갖는다. 수평은 그 안에 이미 수직의 요동을 포함한다. 첫번째 시에서 비의 수직성을 완성하는 것이 '바다'의 수평성이라면, 두번째 시에서 '마루'의 수평성은 그 안에 수직의 격랑을 품고 있다. 수평에 대한 시적 사유들은 사물과 사물, 인간과 인간, 사물과 인간의 '수평적' 관계에 대한 관심과 연루되어 있다. 가령

자루는 뭘 담아도 슬픈 무게로 있다

초록 뱀눈 같은 싸락눈 내리는 밤 볍씨 한 자루를 꿔 돌아
오던 家長이 있었다 그 발자국 소리를 듣고 일어나면 나는
난생처음 마치 내가 작은댁의 자궁에서 자라난 것을 알게
된 것처럼 입이 뾰족한 들쥐처럼 서러워서 아버지, 아버지
내 몸이 무러워요 내 몸이 무러워요 벌써 서른 해 전의 일이
오나 자루는 나를 이 새벽까지 깨워 나는 이 세상에 내가 꿔
온 영원을 생각하오니　　　　　　　　—「자루」 부분

와 같은 시에서, '자루'의 슬픈 무게는 '내' 육체와 내 실
존적 기억의 무게이면서, 그것으로부터 '영원'을 사유하
는 매개가 된다. 그런데 '자루'의 슬픈 무게는 단지 '나'
하나의 자루에만 국한되는 것이 아니다. "이 끊을 수 없는
것과 내가 한 자루"라는 사유에서, 이 '세월의 자루' 속에
서 '나'는 다른 존재들과 연루되어 있다. '내 몸'이 '무러
운 것'은 다만 '내 실존'의 부끄러움 때문만이 아니다. '아
버지'로부터 '내 아이'로 이어지는 이 슬픈 자루의 내력 때
문이기도 하다. '내' 실존적 시간의 슬픈 무게는 다른 존
재들에 대한 깊은 연민을 부른다.

　　김천의료원 6인실 302호에 산소마스크를 쓰고 암 투병
중인 그녀가 누워 있다
　　바닥에 바짝 엎드린 가재미처럼 그녀가 누워 있다

나는 그녀의 옆에 나란히 한 마리 가재미로 눕는다
가재미가 가재미에게 눈길을 건네자 그녀가 울컥 눈물을 쏟아낸다
한쪽 눈이 다른 한쪽 눈으로 옮아 붙은 야윈 그녀가 운다
그녀는 죽음만을 보고 있고 나는 그녀가 살아온 파랑 같은 날들을 보고 있다
좌우를 흔들며 살던 그녀의 물속 삶을 나는 떠올린다
　　　　　　　　　　　　　　　　　　—「가재미」부분

암 투병 중인 그녀는 "바닥에 바짝 엎드린 가재미처럼" 누워 있고, 또 그렇게 살아왔다. '가재미'로서의 그녀의 삶을 '수평'적인 것이라고 한다면, 그녀가 직면한 죽음은 그 수평적인 삶의 연장이자 끝일 것이다. '나'는 두 가지 방식으로 그녀의 가재미로서의 삶에 대한 마지막 사랑을 표현한다. 하나는 단지 죽음만을 볼 수밖에 없는 그녀의 쏠려 있는 가재미 눈을 대신하여, "그녀가 살아온 파랑 같은 날들을" 보아준다. 눈앞의 죽음밖에는 못 보는 그녀를 위해 그녀의 살아온 날들에 대해서도 균형의 시선을 준다. 그리고 "그녀의 옆에 나란히 한 마리 가재미로 눕는다." 그녀의 '가재미-되기'가 그녀의 생이 처했던 척박한 시간에 해당한다면, 나의 '가재미-되기'는 그녀에 대한 사랑의 방식이다. 그대의 파랑 같은 생에 대해, 그 곁에서 수평으로 누워주기. '나란한 수평-되기'로서의 어떤 사랑의 방식.

문태준의 시학은 낭만적 자아의 확장을 통해 우주와의 충만한 합일로 나아가지 않고, 서정시의 심미적 권위마저 비워버리는 '극빈'의 상태를 지향한다. 그 극빈의 태도는 서정시의 재래적인 위계적 질서를 '수평'의 미학으로 전환하는 작업과 결부된다. 사물의 현실적 효용성뿐만이 아니라, 그것에 대한 주체의 심미적 욕망마저 비우는 극빈의 시학은 사물과 인간의 '수평적' 관계에 대한 사유와 만난다. 이제, 이 '극빈과 수평의 시학'을 '겸손한 서정성'이라고 명명하려 한다. 무엇이 겸손한가? 사물을 일인칭 주체의 인간적 시선으로 대상화함으로써 그것을 단지 '나'의 내면의 표상으로만 규정하는 서정시의 근대적 '오만함'에 대한 겸손함이다. 그의 시에서 세계는 '자아화'되지 않으며, 단지 작은 존재들과의 사소한 교감을 통해 시적 자아는 자신의 존재론을 조심스럽게 탐문한다. 이 겸손한 시적 자아는 어떤 아름다움도 소유하려 들지 않는다.

어떤 경우, 문태준의 서정 미학은 불교적인 관념들과 만나기도 하고, 사랑의 수사학으로 드러나기도 한다. 그 경우에 독자가 만나게 되는 선(禪)적인 지혜와 인간에 대한 맑고 선한 사랑이 주는 '감동'을 부정할 수는 없겠다. 그러나 그것들이 문태준 미학의 핵심은 아니며, 오히려 그것은 문태준 시학의 개별성을 무화시키는 덕목이기도 하다. 문태준의 서정 미학은 '관념화'와 '동일시'에 대한 근대 서정시의 뿌리 깊은 유혹을 견디면서, 시적 주체의 권위를 보존하려는 서정시의 재래적인 미학을 스치듯 비껴가는 데 있다. 문태준은 90년대에 와서 그 현대성을 다시 획득한 서정시의 문법을 '수평적'으로 받아들이면서, 그것의 서정시학을 사소한 '극빈의 미학'으로 재문맥화한다. 문태준에 이르러 한국 서정시는 또 한 번의 미적 진화의 동력을 예감하게 되었다. 그 극빈의 시학 안에서 충분히 아름다운 한국어들의 오묘한 호흡은 스스로 그 아름다움을 자랑하지 않는다. 여기, 지독하게 가난한 시인이 있다. 그는 "독사에 물린 것처럼 굳어진 길의 몸을"(「길」), "어긋나는 감각의 면 위를 물뱀처럼 오래 걷는"(「나는 오래 걷는다」) 중이다.